2訂版
歌唱教材伴奏法
バイエルとツェルニーによる

教育芸術社

2訂版 歌唱教材伴奏法　目　次

	ページ
ハ長調のⅠ・Ⅴによる和音伴奏	4
ハ長調のⅠ・Ⅴ・Ⅴ₇による伴奏型（１）	14
ハ長調のⅠ・Ⅴ・Ⅴ₇による伴奏型（２）	16
ハ長調のⅠ・Ⅴ・Ⅴ₇による伴奏型（３）	18
ハ長調のⅠ・Ⅴ・Ⅴ₇による伴奏型（４）	20
右手の八分音符	22
左手の八分音符	24
両手の八分音符	25
ト長調の音階とⅠ・Ⅴ・Ⅴ₇による和音伴奏	26
ト長調のⅠ・Ⅴ・Ⅴ₇による伴奏型（１）	28
ト長調のⅠ・Ⅴ・Ⅴ₇による伴奏型（２）	30
ヘ長調の音階とⅠ・Ⅴ・Ⅴ₇による和音伴奏	32
ヘ長調のⅠ・Ⅴ・Ⅴ₇による伴奏型（１）	34
ヘ長調のⅠ・Ⅴ・Ⅴ₇による伴奏型（２）	36
♩. ♪のリズムと移調	40
各調の主要三和音	42
各調のカデンツ（終止形）	44
いろいろな指使い（１）指ひろげ	48
いろいろな指使い（２）八度の跳躍と左手の指ひろげ	52
いろいろな指使い（３）指かえ	54
いろいろな指使い（４）指またぎと指くぐり	56
三　連　符	60
十六分音符	64
重　音	66
臨時記号	68
♫のリズム	72
♩.♪のリズム	73
弱起（アウフタクト）の曲	74
ニ長調の音階と主要三和音	78
装　飾　音	80
イ短調の音階と主要三和音	82
ニ短調の音階と主要三和音	84
ホ短調の音階と主要三和音	85
コードネーム表	99

〈伴奏応用編〉

ハ長調の各和音	100
ト長調の各和音	102
ヘ長調の各和音	104
リズムの細分化とバスの変化	106
右手の分散和音による伴奏型とペダル	110
曲想の変化にともなう伴奏型	112
楽　典	126

使用Beyer（バイエル）一覧

曲	ページ	曲	ページ	曲	ページ	曲	ページ
Beyer 1 ver.3☆	16・20	Beyer 27☆	19	Beyer 66	49	Beyer 91	83
Beyer 1 ver.8☆	7	Beyer 31☆	19	Beyer 70	66	Beyer 92	62
Beyer 1 ver.10☆	10	Beyer 33☆	8・27	Beyer 71	66	Beyer 93	82
Beyer 2 ver.1☆	18	Beyer 39☆	15	Beyer 72	54	Beyer 94☆	58
Beyer 2 ver.2☆	16・20	Beyer 40☆	11	Beyer 74	61	Beyer 95	90
Beyer 8☆	4・10	Beyer 46☆	22・28	Beyer 75	79	Beyer 96	70
Beyer 9☆	21	Beyer 48	41	Beyer 77	68	Beyer 97☆	69
Beyer 11☆	18	Beyer 49☆	43	Beyer 78	88	Beyer 98	76
Beyer 12☆	4	Beyer 50	23	Beyer 80	80	Beyer 100	81
Beyer 16☆	15	Beyer 53☆	52	Beyer 83	89	Beyer 101	90
Beyer 17☆	14	Beyer 54☆	52	Beyer 84	67	Beyer 102	73
Beyer 18☆	7・17	Beyer 55☆	45	Beyer 85	62	Beyer 103	65
Beyer 19☆	7・17	Beyer 56	25	Beyer 87	64	Beyer 104	92
Beyer 23☆	5・11	Beyer 57	50	Beyer 88	72	Beyer 105	93
Beyer 25☆	8	Beyer 58☆	24	Beyer 89	74	Beyer 106	94
Beyer 26☆	10	Beyer 65	56	Beyer 90	75		

☆印の曲は本書の編集者により編曲されています。

使用歌唱教材一覧

応用曲

曲名	ページ	曲名	ページ
とけいの歌	6	どんぐりさんの おうち	12
かっこう	9	がっき あそび	12
あの雲のように	9	ちょうちょう	12

課題

曲名	ページ	曲名	ページ	曲名	ページ
ちょうちょう	15・63	春が きた	51・107	うれしいひな祭り	86
しりとり	17・103	きらきら星	51・63・79・105	小さな木の実	87
とけいの歌	19・46	林の朝	53・108	かたつむり	101
あの雲のように	21・38	静かにねむれ	53	こいぬの マーチ	101・113
さよなら	23	かえるの がっしょう	55	うみ	103
ぞうさんの さんぽ	25・55	小ぎつね	55・111	いるかはざんぶらこ	103
どんぐりさんのおうち	38・59・108	ロンドン橋	59	つき	105
がっき あそび	38・46	森のくまさん	71	あわてんぼうの歌	107
かっこう	38・39	星の世界	71	おかしのすきな まほう使い	109
メリーさんのひつじ	39	あおげばとうとし	77	夕やけ こやけ	111
ブン ブン ブン	39・59	茶つみ	77		
バス バス はしる	51	雨の公園	86		

展開例曲

曲名	ページ	曲名	ページ
たきび	100	バス バス はしる	106
かっこう	102	山びこ ごっこ	110
ひのまる	104	とんび	112

総合課題

曲名	ページ	曲名	ページ	曲名	ページ
こきょうの人々	114	ふるさと	118	子もり歌	121
静かにねむれ	115	いるかはざんぶらこ	119	茶色の小びん	122
星の世界	116	あの雲のように	119	いろんな木の実	123
スキーの歌	117	さくら さくら	120	こげよ マイケル	125

項目	ページ	項目	ページ	項目	ページ
いろいろな記号の名称	5	強弱に関する記号	20	転調	75
スラー	8	移調	40	コード ネーム	96〜98
音楽の三要素	11	カデンツ（終止形）	44	日本の音階による曲	120
フレーズ	11	形式	47	ポピュラー リズム	122
拍子	13	速度に関する記号と標語	54	その他のポピュラー リズム	124
いろいろな反復記号	16	音名	54		

ハ長調のⅠ・Ⅴによる和音伴奏

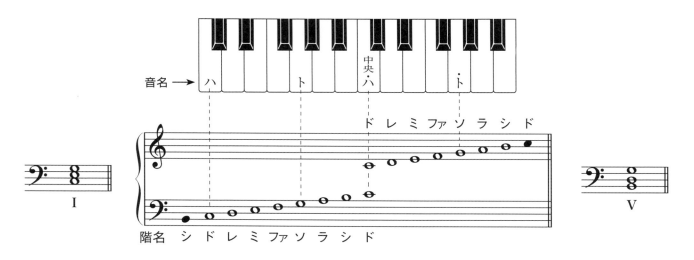

基本練習

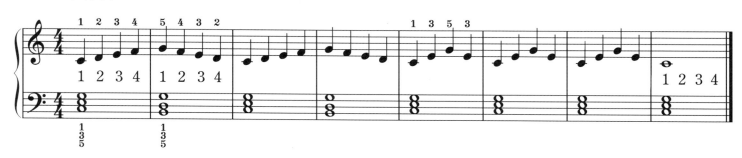

1

2

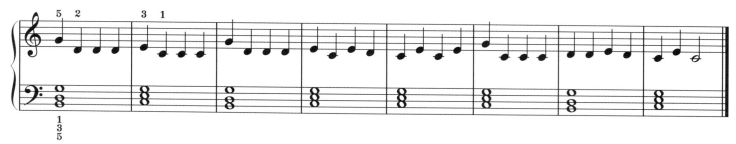

Moderato（モデラート）……中ぐらいの速さで

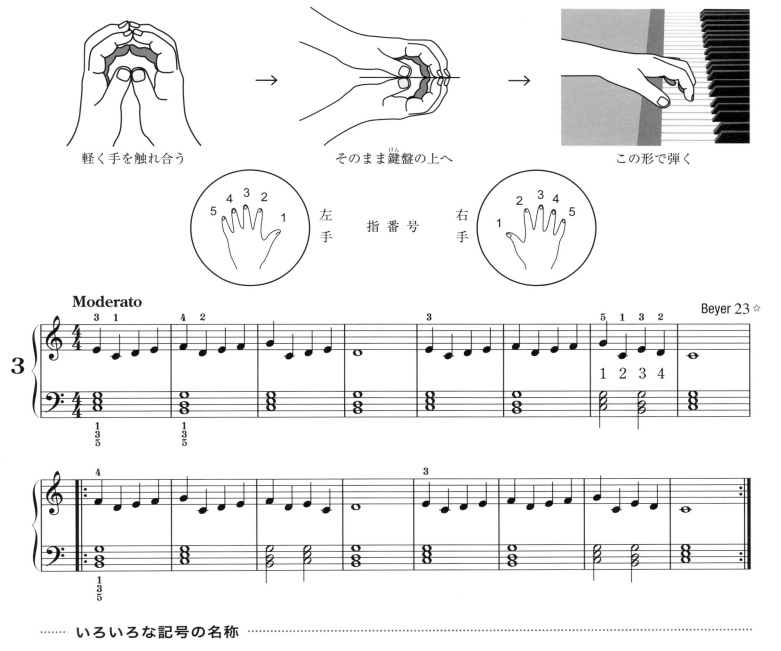

…… いろいろな記号の名称

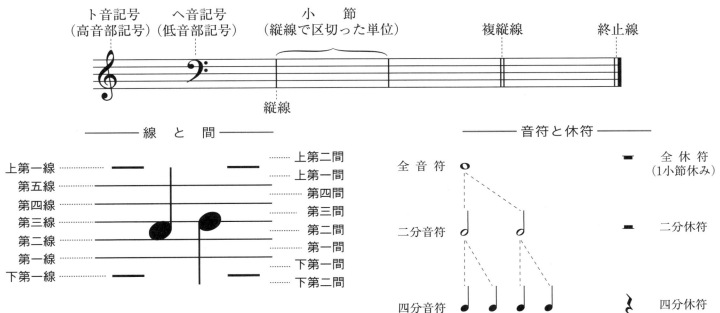

×肩を上げない

○この姿勢で弾く

×ひじを伸ばし過ぎない

応用曲

とけいの歌

芙龍明子 作詞
市川都志春 編作曲

おおきな とけい ボーンボーン ボーンボーン ちいさな とけい まけずに チンチンチン
おきろよ じかんだ さあめを さませ まいあさ よんで みんなを おこす

課題　旋律を見て，I，Vの和音伴奏を付ける。

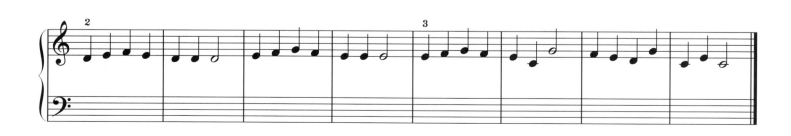

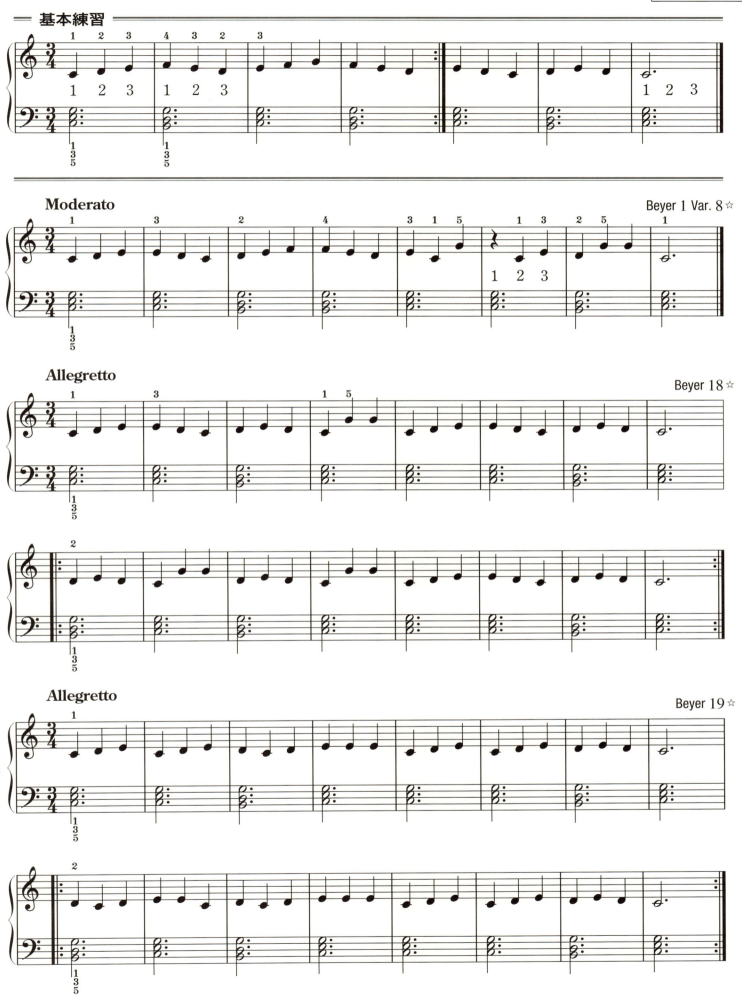

.... **スラー** ....

スラーは，高さの違う2つ以上の音符に付ける弧線（⌒）で，レガートに（滑らかに）演奏することを示す。スラーはまた，フレーズ（旋律の自然なまとまり）を示すときにも用いる。

レガート（*legato*）……滑らかに　　　　　　　　**タイ**（*tie*）……隣り合った同じ高さの音符をつなぎ，1つの音に

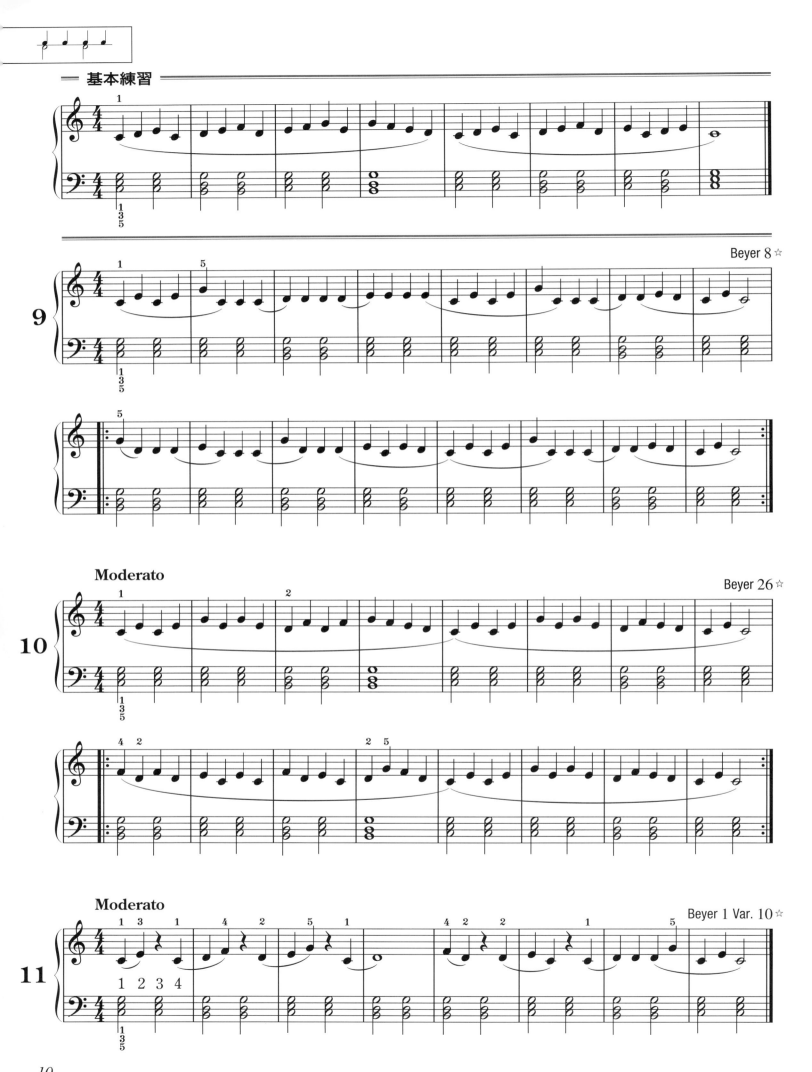

······ **音楽の三要素** ······

1. **リズム（律動）**……音の長短や強弱の組み合わせによる流れ。
2. **メロディー（旋律）**……音の高低の時間的流れ。
3. **ハーモニー（和声）**……音の高低の同時的な組み合わせ。

······ **フレーズ** ······

旋律の自然なまとまりをフレーズといい，だいたい2小節や4小節程度の場合が多い。

> **課　題** ｜ 和音に従って旋律を創作する。

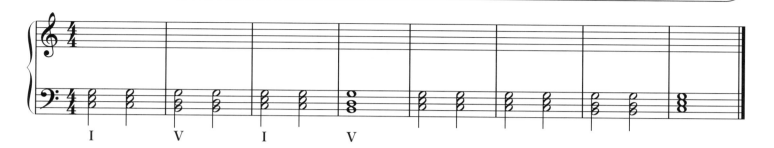

> **課　題** ｜ 8小節の旋律を創作し，和音を決め伴奏を付ける。

……　**拍　子**　…………………………………………………………………………………………………

　　二・三・四拍子を単純拍子という。これに対して，単純拍子の各拍が3等分された拍子を複合拍子という。

拍子の種類	二拍子系	三拍子系	四拍子系
単純拍子	$\frac{2}{2}$　$\frac{2}{4}$	$\frac{3}{4}$　$\frac{3}{8}$	$\frac{4}{4}$
複合拍子	$\frac{6}{8}$	$\frac{9}{8}$	$\frac{12}{8}$

　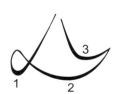　　

　　　二拍子　　　　　　　三拍子　　　　　　　四拍子　　　　　　　六拍子

課題 | 歌いながら，I，V，V₇の伴奏を付ける。

ハ長調のⅠ・Ⅴ・Ⅴ₇による伴奏型（4）

― 基本練習 ―

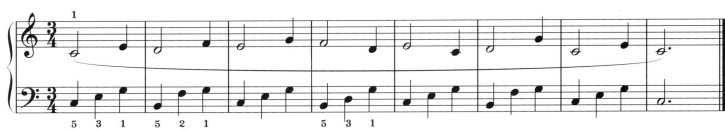

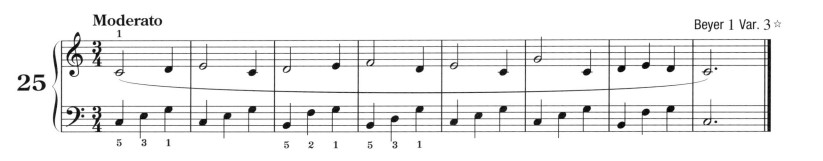

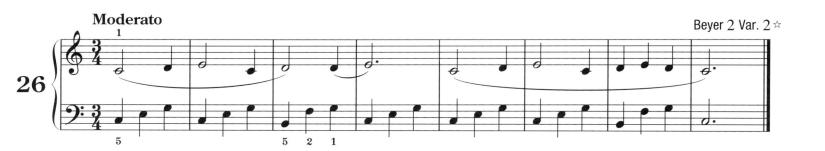

····· 強弱に関する記号 ·····

p (piano) ······ 弱く　　*mp* (mezzo piano) ······ 少し弱く　　*mf* (mezzo forte) ······ 少し強く　　*f* (forte) ······ 強く

crescendo ━━━━ ······ だんだん強く　　*decrescendo* 又は *diminuendo* ━━━━ ······ だんだん弱く

sf （スフォルツァンド）······ 特に強く　　＞ 又は ∧ （アクセント）······ その音を目立たせて，強調して

右手の八分音符

基本練習

Comodo(コモド)……気楽に,ほどよく　　**mf**(メッゾ フォルテ)……少し強く　　*legato*(レガート)……滑らかに

両手の八分音符

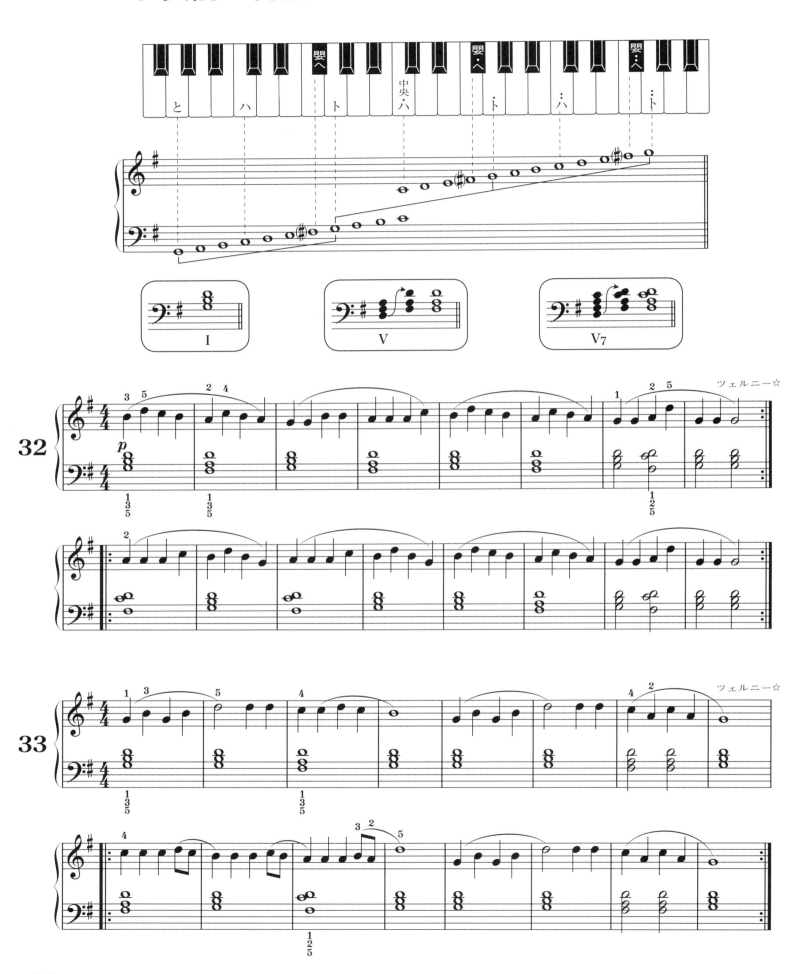

ト長調

dolce（ドルチェ）……甘くやわらかに

ト長調のⅠ・Ⅴ・Ⅴ₇による伴奏型（1）

ト長調

ト長調のⅠ・Ⅴ・V₇による伴奏型（2）

ト 長 調

39

ツェルニー☆

ヘ長調

ヘ長調のⅠ・Ⅴ・Ⅴ₇による伴奏型（1）

ヘ長調

ツェルニー☆

ヘ長調のⅠ・Ⅴ・V₇による伴奏型（2）

ヘ長調

Allegro(アレグロ)……速く　　＞(∧)(アクセント)……その音を目立たせて，強調して

ハ長調

ト長調

課題 | I, V, V₇の和音を決め，歌いながら自由な伴奏を付ける。

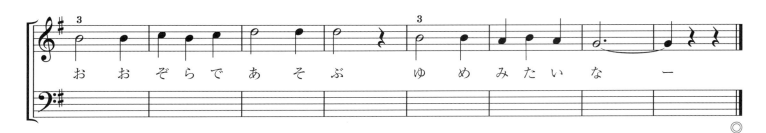

♩. ♪ のリズムと移調

── 基本練習 ──

…… 移　　調 ……

演奏の都合などで，曲全体をそのまま高くしたり低くしたりすること（他の調に移すこと）を移調という。

移調する場合には移調すべき調の調号を書き，その調が2度上の調なら2度ずつ，3度下の調なら3度ずつ機械的に音を移していけばよい。しかし，臨時記号が付いている音の場合は，次の点に注意する。

1. ♯・♭・♮の意味（用法）を確認する。
2. もとの調と新しい調の調号の関係で，♮を♯や♭にしたり，♯や♭を♮にしたりしなければならない場合などがある。

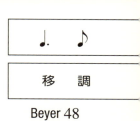

Beyer 48

課題 | 例に続けて，上の48番を指定された調に移調して演奏する。

ト長調 ⇨

ヘ長調 ⇨

主要三和音

各調の主要三和音

○ハ長調の主要三和音

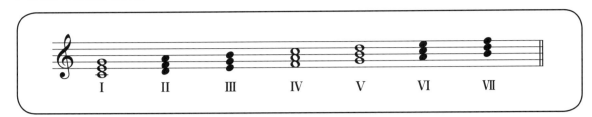

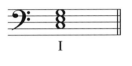

基本位置　第一転回　第二転回

○ト長調の主要三和音

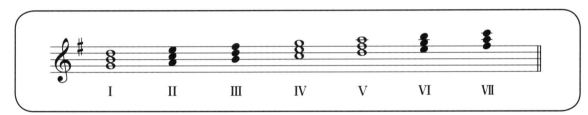

基本位置　第一転回　第二転回

○ヘ長調の主要三和音

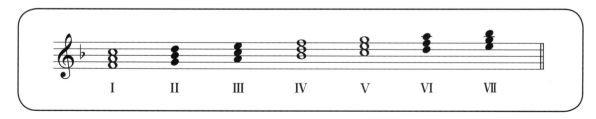

基本位置　第一転回　第二転回

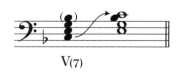

主要三和音

課題　例に続けて，上の49番を指定された調に移調して演奏する。

ト長調 ⇨

ヘ長調 ⇨

カデンツ

各調のカデンツ（終止形）

カデンツ（終止形）

曲は主和音（Ⅰ）で始まり，途中で下属和音（Ⅳ）や属和音（Ⅴ）などとのいろいろな連結を経て主和音に終止するのが普通である。これを最も簡潔で基本的な和音連結の形で示したのがカデンツ（終止形）である。また，終止のときの基本的な形という狭い意味でも用いる。

○ ハ長調のカデンツ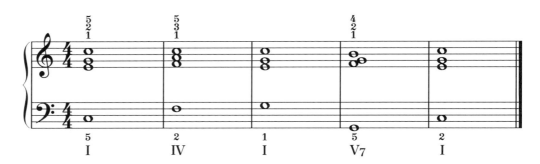

○ ト長調のカデンツ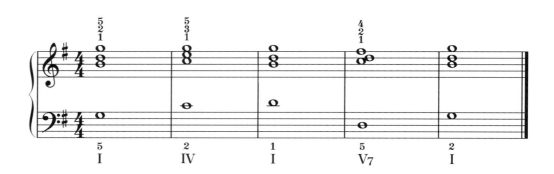

○ ヘ長調のカデンツ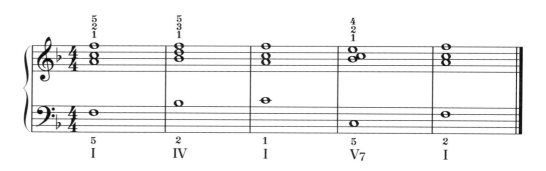

半終止

"旅愁"より

カデンツ

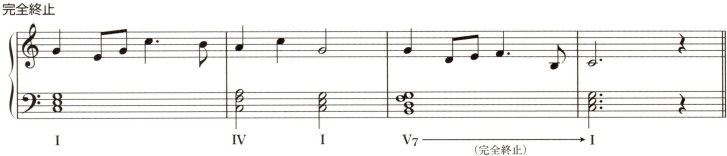

完全終止

I　　IV　I　　V7 ————（完全終止）————→ I

カデンツ

課題 歌いながら，I，IV，V，V₇の和音で自由な伴奏を付ける。

形式

一部形式

一つの大楽節でできている曲を一部形式といい，普通8小節の形式である。前楽節は終わらない感じ（続く感じ）で，半終止が最も多く用いられ，後楽節は終わる感じで，完全終止が最も多く用いられる。

二部形式

二つの大楽節でできている曲を二部形式と良い，普通16小節の形式である。二部形式には下の例のほか，A（a a'）－ B（b b'）の形や，比較的自由な形の曲もある。

小三部形式（三部形式）

小楽節三つあるいは大楽節三つでできていて，ＡＢＡのように最初と最後が同じで，中間に対照的な部分が挟まれている形式を小三部形式という。特に，中間部のBの部分は変化に富んだものが多く，対照と統一の美しさがこの形式の特長となっている。終止形はＡ（終わる感じ，完全終止）Ｂ（終わらない感じ，不完全終止など）Ａ（終わる感じ，完全終止）という形が多い。この形の変化としては，ＡＢＡ'，ＡＢＣなどがある。

小三部形式とは，複合三部形式と区別するために付けられたものである。（小三部形式は単に三部形式という場合もある。）

指ひろげ

課題 | 歌いながら，Ⅰ，Ⅳ，Ⅴ，V_7の和音で自由な伴奏を付ける。

いろいろな指使い（2）
八度の跳躍と左手の指ひろげ

八度の跳躍

基本練習

- スタッカートやスラーを付けて練習する。

基本練習

- スタッカートやスラーを付け，テンポもだんだん速く。

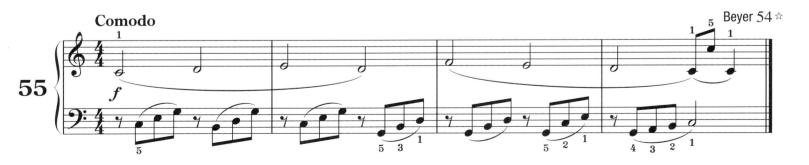

八度の跳躍

課題 | 歌いながら，I，IV，V，V₇の和音で自由な伴奏を付ける。

いろいろな指使い（４）
指またぎと指くぐり

sempre（センプレ）……常に，いつも

指またぎと指くぐり

— 基本練習 —
ト長調のスケール

58 Allegretto Beyer

指またぎと指くぐり

基本練習

ヘ長調のスケール

cresc.（クレシェンド）……だんだん強く

三連符

三連符

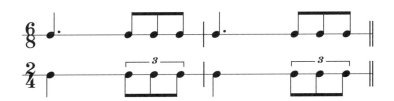

基本練習

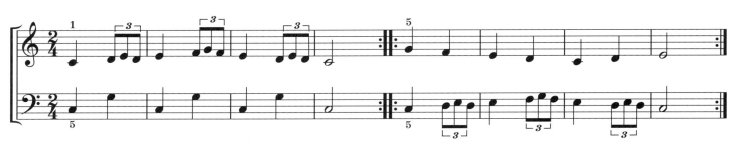

60 Allegro ツェルニー

十六分音符

十六分音符

— 基本練習

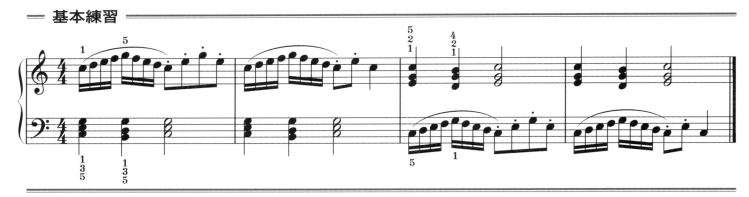

Allegro moderato Beyer 87

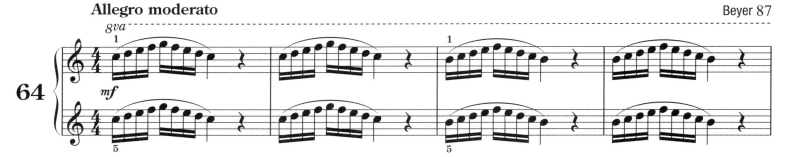

64

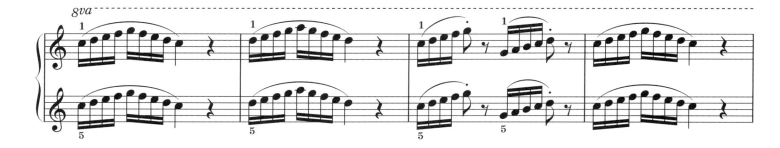

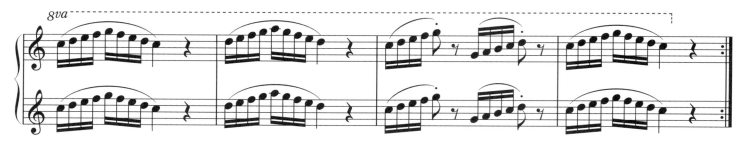

Allegro moderato（アレグロ モデラート）……ほどよく速く　　　*8va*……1オクターブ高く

十六分音符

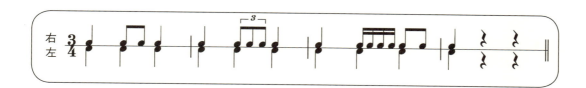

重音

課題 | 66ページの66番をハ長調に移調して演奏する。

🐝（フェルマータ）……その音符（休符）をほどよく延ばして

臨時記号

臨時記号

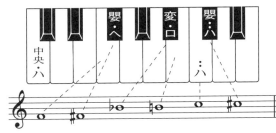

基本練習

Beyer 77

69 Moderato

poco（ポーコ）……少し

臨時記号

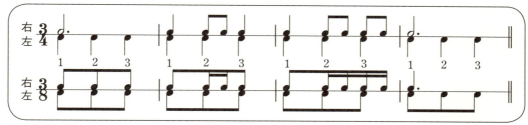

基本練習

Allegretto Beyer 97 ☆

dim.（ディミヌエンド）……だんだん弱く

臨時記号

弱起（アウフタクト）の曲

Andante（アンダンテ）……ゆっくり歩くような速さで

弱起の曲

Beyer 90

.... 転　　調 ....

一曲の中で，ある調から別の調に変わることを転調という。転調は，曲を変化・発展させる上に大きな役割を持っている。

転調には，他の調に変わりすぐに原調にもどる一時的なものと，比較的長い間他の調にとどまっているものとがある。後者の場合，楽譜では調号を書き換えることが多い。

marcato（マルカート）……一つ一つの音をはっきりと演奏する

弱起の曲

ニ長調

ニ長調の音階と主要三和音

短調の音階と和音

イ短調の音階と主要三和音

短調の音階と和音

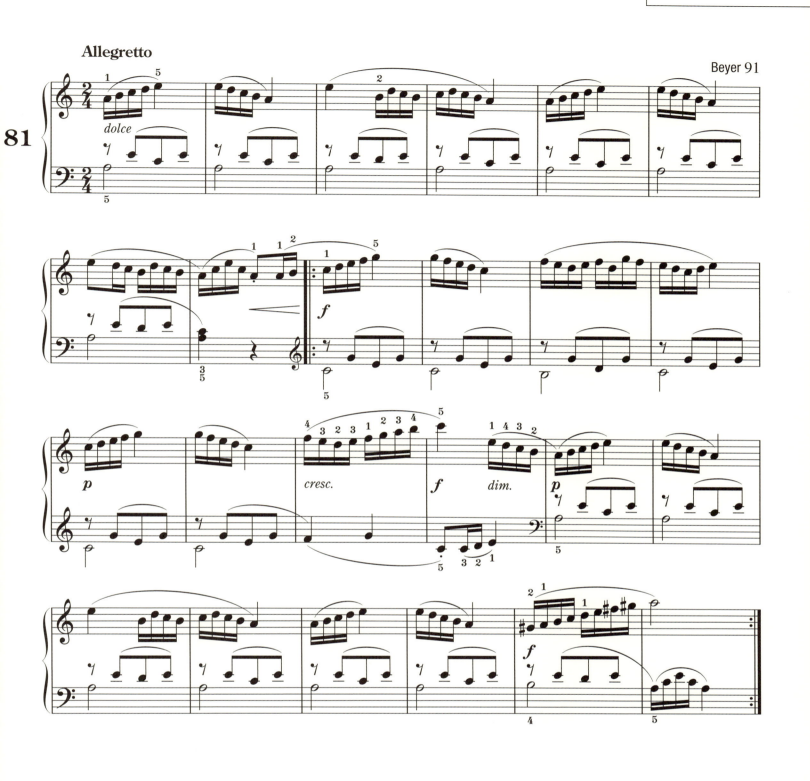

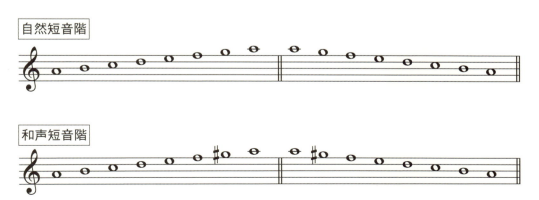

短調の音階と和音

二短調の音階と主要三和音

ホ短調の音階と主要三和音

短調の音階と和音

課題　旋律を見て和音を決め，歌いながら伴奏を付ける。

雨 の 公 園　花岡 恵 作詞／外国曲

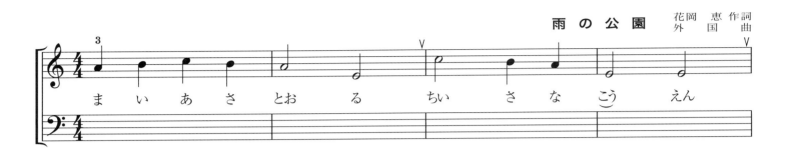

うれしいひな祭り　サトウハチロー 作詞／河村 光陽 作曲

補充曲

86 Allegretto　　　　　　　　　　　　　　　　　　　Beyer 78

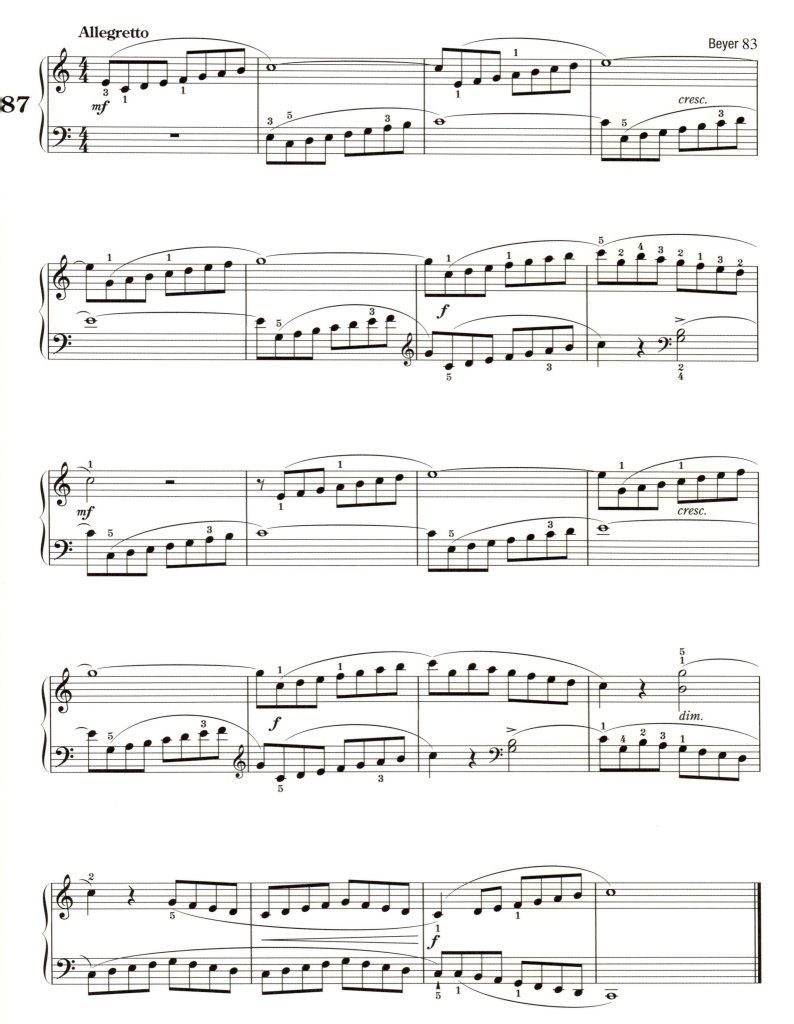

コード ネーム

コード ネーム（Chord name）とは，和音を固有の名称で表すためのもので，根音の英語音名によって記され，それに付随する記号や数字でそれぞれの機能を示したものである。

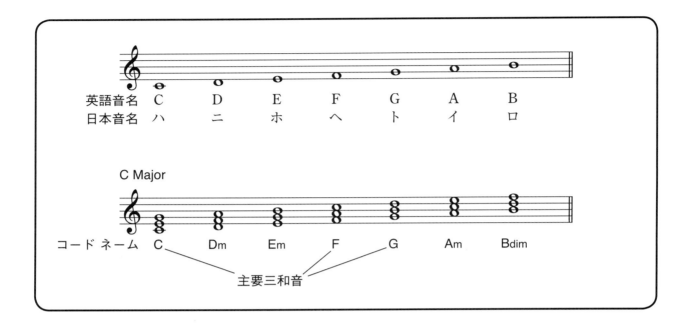

上記のように，根音の上に第三音と第五音が置かれた形を基本位置と呼び，コードを連結していくときには必要に応じてそれを転回するが，転回形になってもそのコード ネームは変わらない。

コードはその機能によって，いくつかの種類に分類される。（以下に基本的構成を図で表す。）

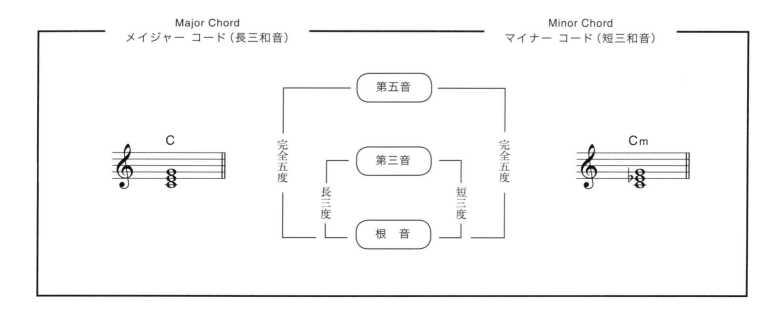

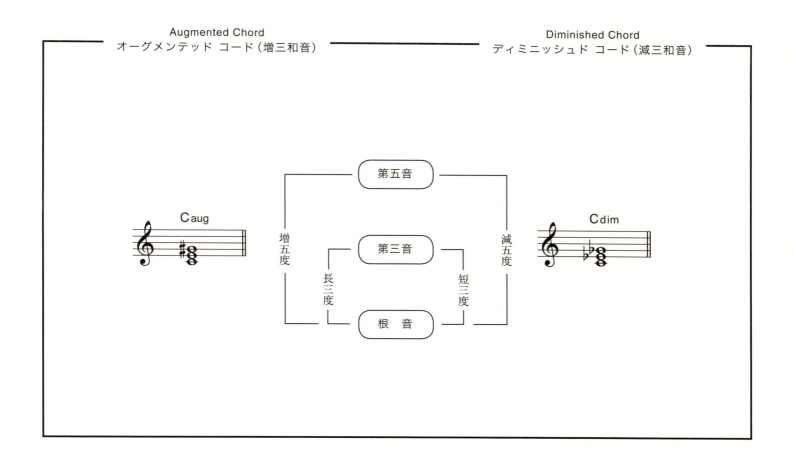

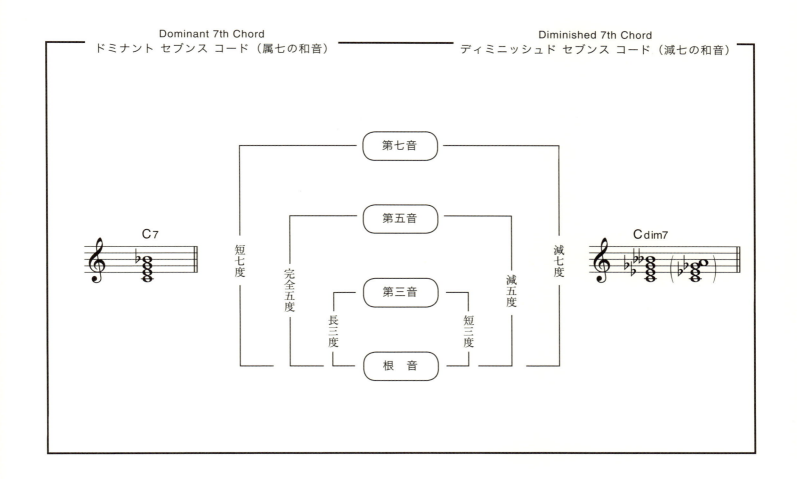

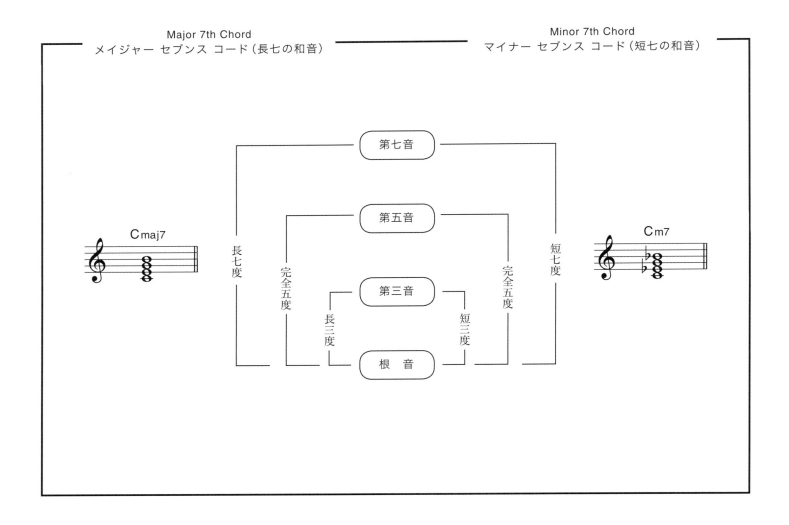

その他には，付加六の和音（Major 6th・Minor 6th）や，掛留和音（Suspended Chord）などがよく使われる。

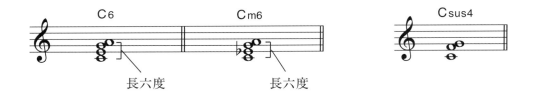

（注）sus4 は，コードの中に四度音が掛留されていることを表し，通常この四度音は三度音に解決される。

本来は，以上の基本的な構成を理解し，コードの機能や進行のパターンを数多く知った上で，即興で演奏できることが望ましいが，本書では必要に応じて旋律にコード ネームを記入してあるので，まず慣れることから始めてみるとよい。

コード ネーム表

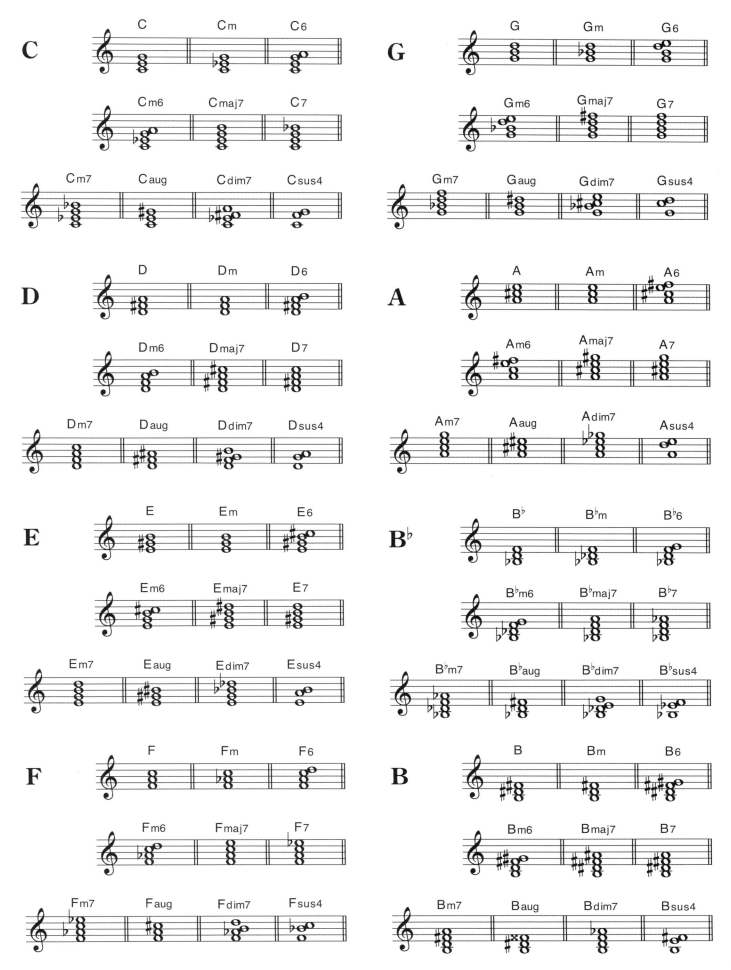

ハ長調の各和音

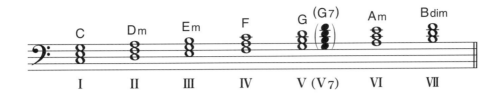

ここからの学習は，今までのような右手は旋律，左手は和音（分散和音）による伴奏型とは異なり，左手は各和音の根音を，右手は和音を奏する伴奏型に慣れることに目的を置いている。この伴奏型は，ピアノ演奏そのものを容易にするだけでなく，音楽表現の幅をも広げるはずである。（なお，このページからコード ネームも記すようにした。）

たきび

巽　聖歌　作詞
渡辺　茂　作曲

上の楽譜を見ると，左手は各和音の根音を奏している。右手の和音は，その曲に合った良い響きのするところをさがして配列する必要がある。また，和音の音の数も，そのつど，演奏の難易度や響きを考慮して決定すべきであるが，各和音の第三音は省略してはならない。

（例）♩＝60　……1分間に♩を60打つ速さ

ト長調の各和音

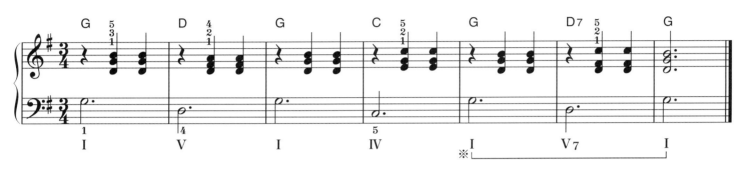

*　V_7の和音のときは，第五音を省略してもよい。

※　$I \rightarrow V_7 \rightarrow I$の終止形に注意。

かっこう

小林純一　作詞
ドイツ民謡

ヘ長調の各和音

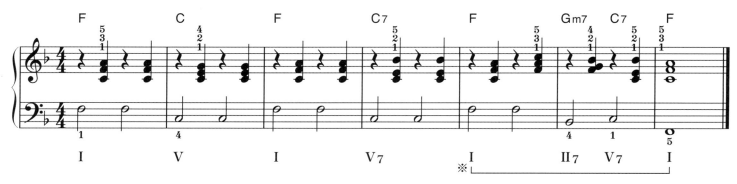

※ Ⅰ → Ⅱ(7) → Ⅴ7 → Ⅰ の終止形に注意。

ひのまる

高野辰之 作詞
岡野貞一 作曲
文部省唱歌

リズムの細分化とバスの変化
バス バス はしる

宮中ちどり 作詞
外　国　曲

※ I^1 は I の和音の第一転回，I^2 は I の和音の第二転回。

※ コードネームにおける第二転回の表記は，例えば C/G のように示す。この場合 C が和音を表し，G はバスの音を表す。

※ $I^1 → IV(II) → I^2 → V_7 → I$ の終止形に注意。

＊上の伴奏型は，下の形のようにリズムを細分化することができる。

＊上のようなリズム型にすると，よりいっそう曲の感じに合った伴奏になる。
　さらにバスの和音内の音を与えて変化を付けてみる。（主に根音と第五音を使用。）

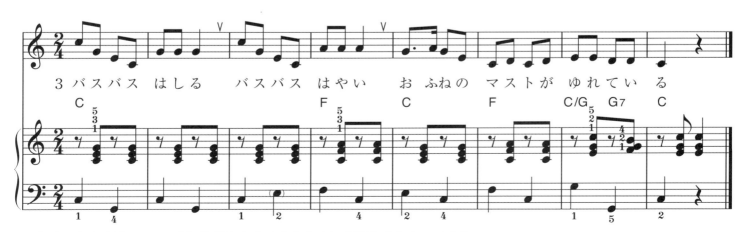

＊（ ）のところは，ファの音に進行しやすくするために経過させたものである。

課題　歌いながら、リズム型やバス及び終止形を工夫して、伴奏を付ける。

課題 | 歌いながら，リズム型やバス及び終止形を工夫して，伴奏を付ける。

曲想の変化にともなう伴奏型

*3段めの伴奏型の変化に注意する。　　*3段めを他の段と同じ伴奏型で演奏し，感じの違いに注意する。

とんび

葛原しげる 作詞
梁田　貞 作曲

総合課題

こょうの人々

勝 承夫 作詞
フォスター 作曲

いるかはざんぶらこ

あの雲のように

...... 日本の音階による曲

日本の主な音階

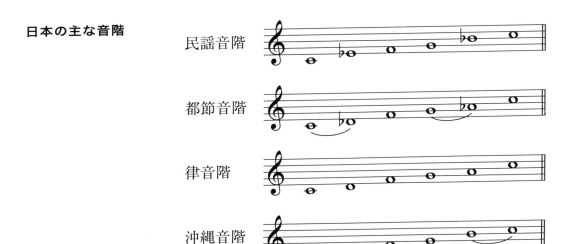

さくら さくら

日本古謡

前　奏
（　）内は前奏の場合

子もり歌

子もり歌

······ その他のポピュラー リズム ······

ロック

ロッカ バラード

サンバ

タンゴ

楽 典

◆鍵盤と大譜表

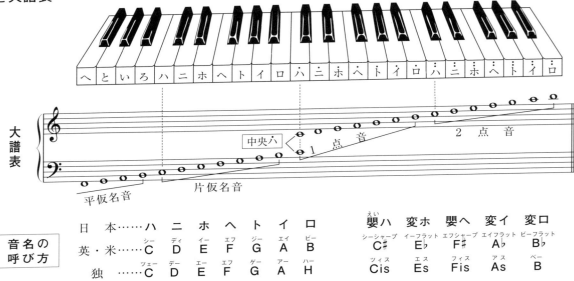

音名の呼び方												
日 本	ハ	ニ	ホ	ヘ	ト	イ	ロ	嬰ハ	変ホ	嬰ヘ	変イ	変ロ
英・米	C	D	E	F	G	A	B	C♯	E♭	F♯	A♭	B♭
独	C	D	E	F	G	A	H	Cis	Es	Fis	As	B

◆**階名**……音階の中のそれぞれの音を呼ぶときの名前。(ドレミ……)

◆**音名**……それぞれの高さの音に付けられた名前。(ハニホ……)

◆**主音**……音階の始まりの音。

◆**調号**……調のしるし。

◆**長音階と短音階**

(1) 長音階(独 Dur, 英・米 Major)

　　　は半音

(2) 短音階(独 Moll, 英・米 Minor)

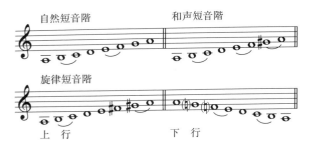

◆**音　程**

二音間の隔たりを音程といい, その間に含まれる全音と半音の数により, 完全, 長, 短, 増, 減を付けた"度"で表す。

(1) 全音階的音程

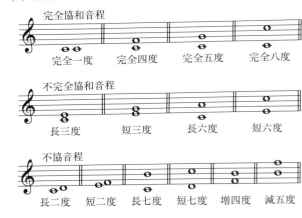

(2) その他の音程

◆**和　音**

(1) 三和音

根音に三度と五度を重ねたものを三和音という。

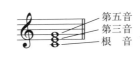

(2) 三和音の種類

　三和音は構成している各音の音程により，長三和音，短三和音，増三和音，減三和音などに分けられる。

(3) 基本的な和音連結の例

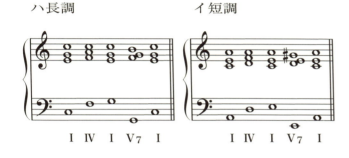

◆転調……曲の途中で調が変わること。

◆移調……演奏などの都合によって，曲全体をほかの調に移すこと。

◆関　係　調

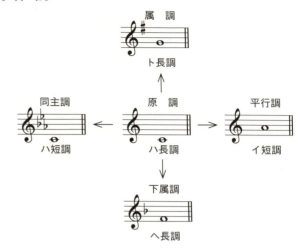

＊広義には，属調・下属調の平行調も関係調に入れる。

◆拍　　子

拍子の種類	二 拍 子 系	三 拍 子 系	四 拍 子 系
単純拍子	2/2　2/4	3/4　3/8	4/4
複合拍子	6/8	9/8	12/8

◆速さを示す用語・記号

用　語	読み方	意　味	用　語	読み方	意　味
Adagio	アダージョ	緩やかに	♩=112		1分間に♩を112打つ速さ
Andante	アンダンテ	ゆっくり歩くような速さで	*ritardando* (*rit.*)	リタルダンド	だんだん遅く
Moderato	モデラート	中ぐらいの速さで	*a tempo*	ア テンポ	もとの速さで
Allegretto	アレグレット	やや速く			
Allegro moderato	アレグロ モデラート	ほどよく速く			
Allegro	アレグロ	速く			

●音楽用語については，本書に用いられているもののみを記した。

◆ 発想を示す用語

用 語	読 み 方	意 味
comodo	コモド	気楽に，ほどよく
dolce	ドルチェ	甘くやわらかに
legato	レガート	滑らかに
leggiero	レッジェーロ	軽く
marcato	マルカート	一つ一つの音をはっきりと演奏する

◆ 速さ・発想を示す用語に添えるもの

用 語	読 み 方	意 味
poco	ポーコ	少し
sempre	センプレ	常に，いつも

◆ 演奏上の記号

記号	読 み 方	意 味
♩ (スタッカート)	スタッカート	その音を短く切って
♩ (スタッカティッシモ)	スタッカティッシモ	スタッカートよりも鋭く切る
♩ (テヌート)	テヌート	その音の長さを十分に保って
♩ (アクセント)	アクセント	その音を目立たせて，強調して
𝄐	フェルマータ	その音符(休符)をほどよく延ばして
タイ	タイ	隣り合った同じ高さの音符をつなぎ，1つの音に
スラー	スラー	高さの違う2つ以上の音符を滑らかに

◆ 強弱記号

記号	読 み 方	意 味
pp	ピアニッシモ	とても弱く
p	ピアノ	弱く
mp	メッゾ ピアノ	少し弱く
mf	メッゾ フォルテ	少し強く
f	フォルテ	強く
ff	フォルティッシモ	とても強く
sf	スフォルツァンド	特に強く
fz	フォルツァンド	特に強く
cresc. / <	クレシェンド	だんだん強く
decresc. (*dim.*) / >	デクレシェンド (ディミヌエンド)	だんだん弱く

◆ 高低の変化を表す記号

記号	読 み 方	意 味
♯	シャープ	半音上げる
♭	フラット	半音下げる
♮	ナチュラル	もとの高さで

◆ 臨時記号……一時的に音高を変化させるために，音符の左側に付けられる♯・♭・♮などのこと。

◆ 反復記号

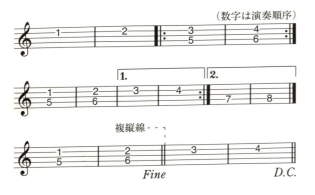

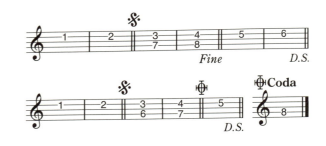